Vocación de Barro

Ancízar Arana Cruz

Vocación de Barro
© Ancízar Arana Cruz, 2019
ISBN: 978-958-48-7248-7
ancizar.arana@gmail.com
Cra 28 # 14 A 19 Las Américas, Palmira, Valle
Cel.: 57+3102590375

Director de arte: Walter Belalcázar "Chuchu"
Diseño de carátula e ilustraciones: Daniel E. Vásquez Pulgarin
Fotografía carátula: Ancízar Arana Cruz
Locación fotografía de carátula: La Choza de Chuchu

Fotografías páginas: 15 y 29 Andrés Marín Giraldo
Fotografías páginas: 41, 53 y 65 álbum familiar
Corrección de estilo: Fires Parra Arias
Edición: Ancla Ediciones

Los poemas de la presente edición pueden ser difundidos por cualquier medio siempre y cuando sea sin ánimo de lucro y señalando siempre tanto el nombre del autor como el título del libro

Barro y fuego, sustancias básicas
en la batea de tus brazos
y la forja de tus labios,
barro y fuego, origen que me sustenta
más allá de todo.

A la memoria de mi madre
OLGA LUCÍA CRUZ
(1953 - 2014)

Prólogo

> Las cucharas en el ombligo de la cocina
> recitaban el concierto de la sopa...
> Del poema Vocación de Barro.

El título de un poema marca la frente del libro del joven poeta Ancízar Arana Cruz. Ha librado ya a su edad batallas y ha conquistado laureles. No es un novato en los menesteres de la vida ni en la Poesía. Tiene curtida su piel y sus labios ríen y hablan con seguridad para donde corre el viento o de donde viene el día y la noche.

Aunque en su trabajo lo apartan rejas y dolores, su carcaj está lleno de saetas que cruzan el espacio, y si sus ojos buscan el horizonte lo ven por encima de los barrotes, y las nubes y el sol lo miran a toda hora.

Al poeta no le importa si es de día o de noche, si está dentro o fuera. Su mundo está en su interior. No es de cristal ni de rosas ni vive entre princesas o detrás de ciervos y gacelas.

Sus ojos nacieron al pie del patio de la casa, y sus alrededores le acompañan en cada palabra que piensa. Sus versos están llenos de cansancios, de ladrillos, de sudores diarios y del humo que sale por entre la chimenea como lo vio una tarde Virgilio en Mantua. Su hogar es el lenguaje que vive entre verso y verso. "Ya casi acabamos, dicen tus ojos a las diez de la noche

Ancízar Arana Cruz

mientras escondo con orgullo y pena todos los dolores de la jornada", susurra para sí en la soledad diaria de sus pensamientos.

El color de su piel le recuerda a cada instante, como a Adán, que el barro es elemento que construye y permite vivir, cansarnos y triunfar o llorar. Desde el patio de casa divisa los platanales allá en el fondo y, de cerca "ve sobre las cuerdas bailar al aire la ropa ya lavada" y ve llegar a su padre que "viene de pegar ladrillos malabaristas".

Nada le oculta el origen de su piel y el sentido de la vida. Por el contario, todo se lo recuerda. Por la noche, una "cama patiabierta esperará celosa" sentir que el amor del día no descansará entre las sombras.

En la mañana su familia sabe que su "padre irá a cosechar lombrices para canjearlas por escamas en el río". Mientras tanto "el tío Tulio lo verá escribir versos con el azadón en el patio". Al caer la tarde se "devolverá a la ciudad pensando que cuando vuelva podrá asistir al parto del maíz en la parcela".

Ancízar ha entendido bien que el hombre es barro y lo canta con devoción humana y sentimiento. Aunque vive en la ciudad no se ha dejado permear del lenguaje artificial de la élite internacional que nombra las cosas y los movimientos con palabras trajeadas y afeitadas. Habla de parteras, espermas, bahareque, rescoldo, cal, retazo, cañaduzal, anzuelo, cometa, trapero, cabalgata, bostezo, concha, gotera o parcela, machete, cascada, bejuco.

No solo es de barro, sino que el barro es colombiano. El vocabulario que utiliza es lo más cercano a su patria chica, con gran acierto.

Leopoldo de Quevedo y Monroy

Ancízar Arana Cruz

Cómo entrar a Vocación de Barro

Me quito el sombrero, los guantes, los zapatos, la máscara y hasta la armadura para visitar sin prejuicios, la que desde afuera parece una fortaleza, no sé si decir oscura o misteriosa, de lo que sí estoy seguro es que está hecha de profundas emociones y de necesarias palabras.

He decidido entrar y caminar despacio, recorrer con suficiencia y respeto la geografía sugerente de esta Vocación de Barro, ahora siento que es una casa con las puertas abiertas, que nos deja ver su origen, su valiosa intimidad. Veo en sus cuartos, estatuas de greda moldeadas a imagen y semejanza de sus sueños, veo en sus rincones de luz, pedacitos de arcilla recién amasados pero que ya tienen ojos grandes y despiertos para descubrir la vida.

Puedo identificar, incluso, a algunos de mis amigos, mirando el horizonte por sus ventanas. Es que, cuanto más me adentro, todo parece más claro, como si me perteneciera el corredor de tierra, como si mi nombre estuviera de alguna forma escrito en las paredes, labradas amorosamente con barro y boñiga.

Veo un trono que se hornea, que se hace a diario donde se sientan el trabajo, la lucha diaria, el amor que lo ilumina todo, la fraternidad incondicional; veo, sobre todo, la huella de una mujer en el cielo raso de la casa, en las paredes firmes, en el pasado, en el presente, en el horizonte que aún no se ha recorrido.

Ahora, quiero salir; irme sin decir nada y me doy cuenta de que esta preciosa Vocación de Barro tiene muchas puertas de entrada y muy pocas de salida, que lo que creí una fortaleza al entrar; es en realidad, un abrazo que me gusta. Me voy sin despedirme, con la convicción del regreso voluntario, con el compromiso de que este legado no adornará la biblioteca de mi casa; algo de mí se queda en él; mucho de él se irá conmigo.

Guillermo Tovar Torres

..."Ya casi acabamos"
dicen tus ojos a las diez de la noche,
y tu mirada construye versos
en la cama patiabierta...

A las diez de la noche

De patas abiertas
la cama nos espera, nos llama.
Exige que la atiborremos con nuestro cansancio.

La casa colmada de ausencias
presiente que la cambiaremos,
que no pagaremos más su renta,
y en sus rincones se perderán nuestros ecos.

Sus puertas se abren a ti,
te ven salir rumbo a la casa
que construimos como cimiento
de nuestros sueños.

Te ven llegar
con tus ropas hambrientas de jabón,
manos encallecidas
prestas a hacer el arroz,
bañar a nuestros hijos
e ignoran tu feliz cansancio.

"Ya casi acabamos"
dicen tus ojos a las diez de la noche,
mientras escondo con orgullo y pena
todos los dolores de la jornada.
Y me siento tan sencillo,
tan básico, tan hombre
cuando acaricio tus pies
colmados de ladrillos malabaristas,
arenas que se vuelven piedras,
hijos en brazos y almuerzos viajeros.

Ancízar Arana Cruz

Y busco la poesía
que se pierde de las hojas,
huye a mis esferos
y se amalgama con el día,
se mete entre la mezcla
con la que pego los ladrillos,
se entreteje con la cana
y sucia barba de mi padre
cuando el cemento arisco
baila con las palas.

"Ya casi acabamos"
dicen tus ojos a las diez de la noche,
y tu mirada construye versos
en la cama patiabierta
que nos espera celosa de saber
que hacemos el amor todo el día
mientras construimos nuestra casa.

Trae contigo

Trae contigo
los carbones de tu pecho,
tu alquimia,
la danza frenética
de tus hojas secas al rojo vivo.

Ofrécele al viento
el rescoldo humeante,
la lucha en receso,
la llamarada eterna
de tus labios entreabiertos.

Trae tu collar de jazmines,
conviértelo en sahumerio
que ardiendo florezca,
que se impregne de tu esencia
la extensión de nuestro lecho.

Ancízar Arana Cruz

Verdadero negativo

*A las madres de Soacha y a sus hijos
desaparecidos por el Estado*

El invierno hace cuna en sus ojos,
lo cubre todo bajo la sombra.

Llueve en sus manos,
el retrato que ha crecido en sus palmas
es el diario de la ausencia.

La han convertido en silencio,
mobiliario de plazas ciegas,
de juzgados repletos de puertas
trancadas por dentro.

Han decidido que sus lágrimas
no son suficientes para ser grito,
fue condenada a ser alimento del olvido.

En las mañanas
abre su paraguas de recuerdos,
desanda la oscuridad de los días
hasta que la espalda de su hijo
cubre el momento justo de su partida.

¿Quién justifica su tristeza,
quién es capaz de cargar
con la ausencia labrada en su piel,
con el vaho de mentiras
que la nombra invisible?

Bajo esta sombra
camina con su invierno por bandera,
hace suya la muda voz.

El frío en su vientre
         no es falso
ni este dolor a cuestas
         es positivo.

Ancízar Arana Cruz

Dualidad de firmas

Ayer pintabas con pulcra metralla
las paredes de la escuela rural,
mientras niños campesinos cosechaban
tus minas sembradas en el odio.

Con golpes disciplinabas a tu niño
alumbrando con miedo su mirada
bajo lluvia de ruegos
"papá no lo volveré a hacer".

Ayer apuñalabas al vecino
con tu lengua bífida
entretejiendo mentiras y mofas
en un ambiente enrarecido.

Ayer
él, tú y yo
hacíamos la guerra sin cuartel alguno,
con sabia crueldad de creernos inocentes
de nuestras batallas y sus víctimas
en el campo del diario vivir.

Hoy somos los mismos, haciendo lo mismo,
esperanzados en que los demás firmen la paz,
agazapados en nuestras conciencias dobles
escondemos la mano para no firmar.

Aquí estaré

Búscame aquí entre las ondas
que la poesía ha hecho en el charco de mis días,
detrás de verbos conjugados a fuerza de no dormir.

Estaré descansando
en las cuerdas de una hamaca,
abrazado al vientre de mis palabras,
tan mías como ajenas.

No estaré esperándote adormecido
en el prado de mi tumba,
no contestaré allí ninguna de tus oraciones.

Serán mis versos mi propio cementerio
rebosante de llamados,
contendrán ecos de mi infancia
como un cántaro a medio llenar,
hablarán de ti en un idioma que no conoces.

Allí estaré tatuado de barro y fuego
debajo de mi desnudez,
allí, una y otra vez sobre tus labios
al pronunciar mis versos
susurrándote al oído
el triunfo de la poesía sobre la muerte.

Ancízar Arana Cruz

Simulacro de ausencia

A "Chuchu" y sus mágicas palabras

Voy a jugar a que me voy para siempre,
no habrá violencia, ni rabia
en este simulacro de ausencia.

Envolveré retratos en una mortaja de tiempo
con precaución de no romper su estático sueño.

En el territorio baldío de mi piel
empacaré artilugios acumulados por los años:
relojes con el tiempo perdido,
condecoraciones rechazadas por mi pecho
y un manojo de poemas que aún buscan
en la alcancía de los labios
la palabra precisa que les dé vida.

No sé dónde cabrán tantos recuerdos
dispersos ahora en las paredes de la noche,
habrá que inventar una canción que los abarque,
que hable entre líneas de los ausentes,
que sea capaz de traerme a los ojos
la magia de lo perdido en mi infancia.

Yo sé, que en los pliegues de mis párpados
no tendrá espacio el cansancio de los muebles,
y que el televisor aún no sabe seguirme
cabizbajo hasta el silencio.

¿Qué haré con las cosas que, desde su impotencia,
ven mi partida y presienten olvido?
¿Qué haré con el árbol de ojos y su sombra

que me seguirán hasta el horizonte de la puerta?

Voy a jugar a que me voy para siempre,
no habrá violencia, ni rabia
en este simulacro de ausencia,
caminaré despacio sin el afán de lo perdido,
tal vez me sentiré libre, ligero de equipaje
aunque esté plagado de nostalgias,
de voces que no podré llevar conmigo
y de "adioses" arrugados por el invierno.

...Soy el que escarba la tierra,
el que ayuda a parir las yucas
adormecidas a los pies del cimarrón...

En la piel del patio

La bocaemonte es mi retorno,
frontera donde el polvo rural me desnuda,
rompe estatuas erigidas en mi pecho.

El aroma del arado es mi camino,
la copa de los limoneros, mi casa,
soy el que escarba la tierra,
el que ayuda a parir las yucas
adormecidas a los pies del cimarrón.

Debajo de la platanera,
mi padre cosecha lombrices,
ansía el instante cuando el río
las canjea por escamas.

Mi tío Tulio fabrica quietudes
dentro de sus infantiles ojos,
y bajo la sombra del alero
observa cómo escribo con el azadón
versos en la piel del patio.

Desde lo alto de su ego
un arrítmico gallo desafía
el concierto del mediodía, me dice adiós.
Mi hija pretende llevarse
todo el campo en un costal.

Antes de irme
abrazaré el sol que cae de la mano
en los renglones de la huerta,
seré germinación.

Ancízar Arana Cruz

Y dejaré que me vaya sin mí
-caparazón de pasos anónimos
en la urbe que me espera-
En el próximo retorno
asistiré al parto del maíz
y con fortuna me veré nacer de nuevo.

Madre soltera

Yo te puse en un pedestal,
te nombré secretario de mis días,
vigilante de mis miedos,
de los suspiros en mi regazo.

Una casa enorme hice de mí
para refugio de nuestra aventura,
juntos tapizamos con mentiras
los caminos clandestinos de nuestra piel.

Y la urna que soy contuvo tu hombría,
se colmó, se contrajo.
Expandió la luz hasta hacerse milagro.

Hoy no soy urna ni casa.
El verano de tu indiferencia me quemó
con sus tentáculos de sombra,
multiplicaste tiempo por distancia
en tu ecuación de olvido
y en números rojos quedaron mis pupilas.

Un solo suspiro habita en mí
a fuerza de no claudicar.
Camino descalza, portadora de luz
sobre las ruinas de tus palabras.

De mis senos de hembra, de mi fuerza de guerrera
se amamanta el milagro,
milagro con nombre, pero sin padre.

Ancízar Arana Cruz

Proclama ancestral

Tengo deseos primitivos
de no ser cuerpo cubierto,
huella presa,
bolsillo desgastado en la compra,
quien no pesca ni caza,
adicto digital.

Quisiera que en mí
encarnara el ancestro,
me permitiera ir descalzo
entre matorrales,
desanclar ese nómada
dormido entre mis costillas.

Quisiera que lluvia y tierra
revistiesen mi piel,
y sobre mi desnudez
una maloca hiciera cuna
para mis sueños.

Tengo deseos primitivos
de parir fuego con mis manos,
zurcir mis raíces con el barro.

Informe especial

Bajo el granizo de las balas
aplaca su incertidumbre,
refugiado en un cráter humeante,
hijo bastardo de un cilindro de gas
transformado en infierno.

Abajo, en el pueblo,
calles sembradas de escombros,
cicatrices que aún lloran pólvora,
zapatos huérfanos se arrastran
por las grietas del olvido.

Esquinas, puertas, patria de los gritos.

Camas hechas caparazón,
silencios con substancia de miedo,
y todo el pueblo de Argelia
recostado en la incertidumbre
a espera del cese al fuego.

Ancízar Arana Cruz

Cuarto turno

Son las once y el agua hierve,
gatos anónimos
trepan por la espalda de la noche,
con sus mil ojos el almendro
coquetea a las hormigas,
sonríe mientras lo capan.

Anochece en la taza,
tres cucharadas amargas
atizan el goteo de segundos,
el reloj es un avaro cuentagotas
de ojos cansados.

El sueño hace fila en mis pestañas
con la paciencia de un martillo en el aire.

Gatos con hambre recorren mi sombra,
juguetean con las palabras
al filo de la boca,
no saben que los he hecho verso
en el último sorbo de la noche.

Desnúdate

Libérate de mí,
del compendio de reglas
que rigen nuestro amor.

Olvídate de mis gustos,
de los consejos que te he dado
para que me ames
como quiero que ames.

Quítate las fajas
que he puesto a tus sueños,
los zapatos ajenos que te tallan.

Desnuda, tal cual eres,
pasa por fuego nuestro amor,
ya sabremos si hay cenizas
o un ave en llamas.

Ancízar Arana Cruz

Hombre paso

*Al cansancio adormecido
en los pies de un hermano venezolano*

"No tengo qué darte"
le digo mientras lo miro a los ojos
y en los bolsillos,
mi egoísmo abraza con fuerza
las pocas monedas que serán suyas.

Él piensa que soy ciego,
que no veo en las grietas de sus pies
los cientos de kilómetros desde su patria,
la lluvia, sus huesos aún con frío,
los abrazos que ya no lo abarcan.

Cree que no se le nota
el rastro de las lágrimas pérdidas,
de las huellas que no lo siguieron hasta aquí,
el olor a distancia impregnado en su pecho,
su pesado equipaje de nostalgias.

Yo pienso que ya lo conozco,
que esos ojos impotentes,
ausentes de destino
ya me han mirado,
a veces con rostro de niño sueño
otras tantas de hombre olvido.

Busco en el bolsillo de mis labios
alguna palabra que combine con sus pasos,
solo encuentro impotencia,

Vocación de Barro

entonces guardo silencio
y empiezo a caminar a su lado
contando monedas.

...Temerosos de la lluvia que, a hurtadillas,
saltaba por las goteras
y nos cambiaba de color las medias...

Vocación de barro

Ronda de ojos
en torno a la estufa de petróleo.
El anillo de fuego ablandaba el tiempo,
las sombras del apetito
ascendían abrazadas al humo.

El hambre sazonaba la comida de mi vieja
cuando el tomillo huía bajo la puerta,
el arroz hacía fila temeroso de la lumbre,
agazapado bajo el tizne de un miércoles ajeno.

Las cucharas en el ombligo de la cocina
recitaban el concierto de la sopa,
hacían coro a la palpitación del viento
entre las tejas de zinc.

El amor paterno se incrustaba
con bahareque en las paredes del hogar,
crecía en el abrazo de la badea
en amalgama de casa y sombra.

Éramos un solo nudo
en nuestro nido de tierra,
temerosos de la lluvia que, a hurtadillas,
saltaba por las goteras
y nos cambiaba de color las medias.

El olor a tierra húmeda
nos abrazó por dentro desde niños,
estampó con su ocre coraza
la vocación de barro en nuestros pies,

nos dio una piel, un origen.

Aun debajo de mis huellas
el niño que fui repinta mis pasos,
me mira desde el fondo de mis días,
pronuncia mi verdadero nombre
hecho con sílabas de tierra
que no cabe en la palabra que me nombra.

Aún, junto a mí
siento a mi madre en su vieja máquina Sínger
cosiéndole sueños de racimo a los costales,
alejando las borrascas de mayo
con un cuchillo y un tenedor en cruz.

La veo multiplicarse en los platos,
convocarnos a la mesa
con su voz de arrullo,
y con sus manos de alfarera,
fabricarnos con el barro de nuestra casa.

Ama de caza

En la olla plagada de tizne
donde remojas tus palabras
cocíname unos cuantos minutos.

Colgaré el kilo de limones
que cargo por error como tesoro
antes que pierdan su esencia.

Le diré a mi ropa: lávate sola,
deja de cargarme en tu regazo,
le pediré que tapice la alcoba
y se vuelva plaga bajo nuestros pies.

Será la casa una pradera indomable,
y de la escoba petrificada
brotarán palmeras sin ojos,
no habrá trapero furtivo
en cabalgata bajo las almohadas.

Sembrarás misterios con tu mano arrocera
hasta multiplicar los escondites,
túneles en convergencia a mi pecho,
pasadizos con esquinas oscuras.

Entre las grietas de los muebles
brillarán a tu luz mis ojos,
aséchame con tus armas
aguardaré en silencio
el inicio de la cacería.

Perderme

Antes que tus manos transgredan
el silencio de mis fronteras
y entre las grietas de mi respiración
siembren la agitada fuga del ensueño.

Antes que el fuego se propague
desde tu boca hasta los confines de mis pliegues
y el poema quede atrapado en los labios,
antes que arda tu saliva en mi desierto
y sea bálsamo para las ganas.

Deja que abandone toda brújula,
queme todos los mapas conocidos,
borre los caminos de retorno,
toda imagen de tu cuerpo
grabada en la cantera de mi mente,
cada huella, cada cicatriz,
cada marca anclada en la piel
por el roce de nuestras lujurias.

Y luego deja que me extravíe en ti,
suelte mis amarras,
abandone los prejuicios
y me aferre a tu territorio
hasta perderme por completo
en la constelación de tus lunares.

Tu geografía

Tu piel llamaba al desequilibrio,
estampida de mis fieras
sobre rieles de tu horizonte.

Mis labios, río desbordado,
te recorrieron con afán
de perderse en la locura.

Mis manos se aferraron a tu cuerpo
aprisionándome contra el fuego,
mariposas ingrávidas
que rozaron tus caminos.

Recorrí tus parcelas,
fui labriego en tu campo,
y mis semillas emigrantes llegaron
hasta el fondo de tu arado.

Ancízar Arana Cruz

Migaja de luz

He de cambiar de piel,
ser el desterrado,
el ser anónimo que extiende sus miserias
en los andenes,
migaja de luz en unos ojos con sueño.

Es necesario de vez en cuando
perder las uñas de tanto arañar el día,
ser calle sorda, hambre,
espejo empañado en un motel en ruinas.

Es necesario borrarme de la ecuación,
mis manos deben ser ajenas,
anidar en los bolsillos desérticos,
emigrar entre los hombres ciegos,
coserle monedas a un bostezo
hasta conocer el inventario de tus silencios.

Puerto de Jaramijó

Me queda de ti
el tenue brillo incrustado con sal
en el lomo de la náufraga concha,
la sombra de una gaviota
atravesada en el meridiano de tus ojos.

Me queda de ti
un par de versos que llaman al mar
con sus labios de espuma,
el eco de una tarde
que caía sobre los hombros
con su cargamento de ensueños.

Ancízar Arana Cruz

Debajo de tu hojarasca

Mudaré de piel hasta que solo sea silencio,
de mí caerán las palabras
(Hojas huérfanas con su destino de tierra).

Seré el último día del otoño,
pronunciaré el fuego con mis manos,
lo sembraré debajo de tu hojarasca
con su cargamento de ecos,
de sílabas desterradas al filo del incendio.

Mudaré de piel hasta que solo sea silencio,
se ausentarán en el viento mis aves
hasta ser un simple glifo
teñido con ausencia en el muro de tu espalda.

Es el momento

Ahora que el viento es serpiente,
que la sílaba cae del árbol casi madura
y hay nubes multiformes
llamando a la imaginación.

Ahora que los pies se han liberado del camino
y renuncian a su sino de claustro,
ahora que la raíz fue sacada de su tumba
y muestra al sol su hermosa arquitectura.

Ahora que los presos huyen
cabalgando en sus palabras
y no hay guardia que detenga su fuga,
ahora, es el momento de la poesía.

...Escuchar juntos el grito del azúcar bordado con fuego en la pavesa migratoria...

En la cal de la cocina

Hace falta que mi abuelo
me hubiese enseñado el momento exacto
cuando la alcancía de la tierra
recibe las semillas del naranjo
o el grano del maíz
asciende hacia el alba de la cosecha.

En la oquedad de sus manos se durmieron
los misterios de la molienda, de la ubre,
el vuelo imprescindible de la pacora
en el vientre del cañaduzal,
y un millar de caricias perdidas
entre su orgullo de capataz
y mis infantiles pasos citadinos.

Hubiese deseado conquistar
con mis anzuelos el arrullo de su voz,
escuchar juntos el grito del azúcar
bordado con fuego en la pavesa migratoria,
ser agua en sus desérticos labios.

Ahora somos mapa de un continente lejano
dibujado con hollín en la cal de la cocina,
nos atraviesa la nostalgia hecha polilla
y el olvido se atreve a subir por su recuerdo
disolviéndolo de todos los retratos.

Ancízar Arana Cruz

Un hombre desnudo

Del verbo conjugado de mis pasos
solo las huellas me pertenecen
hasta que el viento
las vuelva canción en el silencio.

Las paredes que me contienen
-círculo de piedra alrededor del fuego-
las puertas que me liberan
-gotera de luz por donde se fuga el sueño-
no me pertenecen,
a duras penas son mías
las ilusiones zurcidas en mis palabras.

Soy un hombre desnudo,
esta frontera de carne que me limita,
esto que no es mío,
que a fuerza de usarlo me pertenece.

Antes que tu voz

Antes que tu voz
poblase los rincones,
mis pasos se vestían de ausencias.

Arropaba pesares
con nombres prestados
que apenas me cubrían.

Mis manos de hielo
dibujaban volcanes
que se extinguían
borrados por el sueño.

Antes que tu voz
entretejiera besos
contra mis paredes,
ya los ecos presagiaban
el sonido de tus huellas.

Ancízar Arana Cruz

Bajo el abrigo del bahareque

Y si me enseñas a tejer barro con las manos
así como mi abuelo
(perdido ya en el tiempo)
construía con tus ojos
una colcha enorme de asombro,
cuando hilaba entre esterillas
la ocre piel de las paredes.

En los pliegues de mi infancia
el aroma del cagajón se impregnó
desde la frontera de tus palmas,
en las heridas abiertas de las paredes,
en el espacio tibio de nuestros sueños
hasta abarcar todas las dimensiones del frío.

Yo aún no sabía
de la magia en el centro del barro,
de la luz enquistada
en el horizonte de una gota de sudor,
apenas vislumbraba en la sombra del bahareque
la dulce cosecha en las palabras de mi abuelo,
lejanas, desconocidas para mí.

Y ahora que todo está hecho,
que las manos mueren en mis brazos
sedientas de parir nostalgias,
ahora que los ojos temen el no verte
y cargo en el pecho las briznas acumuladas,
la ausencia de polvo en la mirada de mis hijos
y la voz de las paredes que me llaman.

Vocación de Barro

Ahora y más que todo ahora,
enséñame, padre,
a tejer barro con mis sueños,
enséñame a encontrarme
bajo el abrigo del bahareque
con el infantil asombro asomado en tus pupilas,
con el nudo de nuestras manos
en el centro del tiempo
y con los labios enmudecidos de mi abuelo
hilando palabras en la ocre piel de los recuerdos.

Afonía

Quise ser lluvia
y llevar entre mis sílabas
la ruleta del rayo
o la canción de la llovizna.

Estancar en la batea de mis manos
los ecos adormecidos
en las hojas de los almendros.

Quise que las nubes me nombraran
con su boca de estruendos,
precipitar mi abecedario
huérfano de alas
contra la espalda del mundo.

Huracán sin nombre
en el ombligo del día, quise ser.

Solo fui silencio.

La llave

Tengo un silencio
atrapado entre mis costillas
que la palabra poesía
no sabe callar.

A veces busco
una sola palabra
capaz de contener ese silencio
y otras veces, un silencio
capaz de contener mis palabras.

La poesía es una llave
que rompe ambas cerraduras.

Ancízar Arana Cruz

Este que llega

> A mi flaca y a sus manos
> que me reconstruyen después de cada verso

Mi cansancio toca la puerta,
trae en los bolsillos
la lenta metamorfosis de la noche.

Adherido a mis pies
todo el peso, todo el hedor,
todas las serpientes ciegas
acurrucadas entre los barrotes.

En los pliegues de mis ojeras
hay garabatos ávidos de ser poemas,
traigo la ausencia tejida en mi boca
y estas manos limpias
que un niño vestido de sueño porta,
ondea delante de tus ojos en busca
del espacio en tu espalda que lo espera.

Sediento, he deseado la profundidad de tus labios,
he hecho el simulacro de perderme en ellos
mientras giraba en el círculo extraviado de las horas.

Ajeno de mí, vuelvo para que me desnudes,
me alejes de ese tipo que viene conmigo
caminando mis pasos y hablando con mi voz.

Tómame del relámpago que duerme en mis ojos,
hazte a mí, escóndeme dentro de tus sábanas,
en la luminosidad de tu vientre,
quiero nacer de nuevo.

Todas mis barcas

El viento nocturno danza
entre las hojas somnolientas,
se reúsa a quedar atrapado
en la telaraña de su piel.

Él recorre mis imaginarios mundos,
los transforma, los destruye,
juega a ser tormenta
en la reserva de mis parpados.

Otras veces redime mi infancia,
eleva coloridas cometas
entre las paredes agrietadas
de un corazón de plastilina.

Todas mis barcas están a su merced
atiborradas de recuerdos,
he izado rudimentarias velas
y dejado al azar su destino.

Esta noche, se arrastra con su magia
por los rieles infinitos,
atrapa los sueños de las hojas,
les cambia el color de la piel
y juega a hacerme un náufrago del olvido.

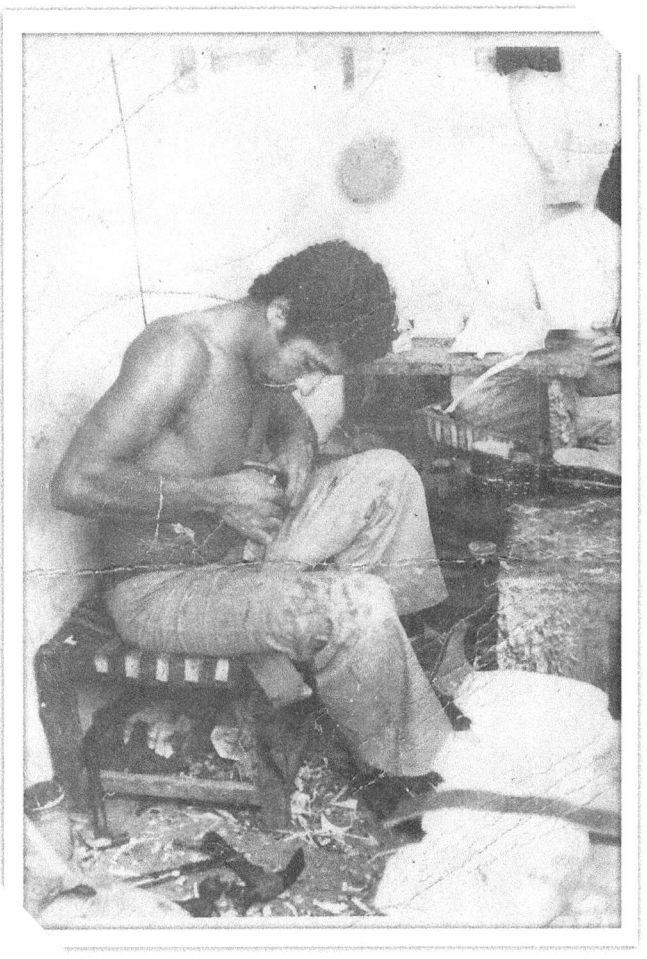

...Me invita a ser espejo,
a caminar por la huerta de mi abuela
entre el cilantro y la nostalgia..

Las huellas de mi padre

El reloj quiebra sus metáforas en tu espalda,
en la intimidad de tus ojos
un diccionario de recuerdos
teje con agua retazos de infancia.

De tu boca, las palabras saltan,
remontan ríos, emergen entre cañaduzales
como pelusas adheridas a mis pantalones rotos.

Extiendo la mano y tu niñez me toca,
me invita a ser espejo,
a caminar por la huerta de mi abuela
entre el cilantro y la nostalgia.

A ser viento en la cima del árbol,
temblor al filo del anzuelo,
cometa, pájaro.

A la vera de nuestra nueva infancia,
mi hija cocina tus palabras
en el fuego de sus pupilas,
borda flores en su delantal de silencio.

Juntos fabricamos ungüentos
con el inventario de tus recuerdos,
desandamos caminos de memoria
bajo la luz de tus huellas,
y abrazados en el círculo de tus labios
somos pan en el fuego del tiempo.

Ancízar Arana Cruz

Canción de un suspiro mojado

Bruma, viento,
río que empuja,
huye de mí
y desemboca en el verso.

Crepitan piedras enormes,
chispas ahogadas
en el charco del silencio.

Tejen en el vacío
una canción extraña.

Un suspiro es suficiente
y las aguas se desbocan
hacia la incógnita de la palabra.

Camándula de suspiros

A Carmen en Federación Argentina

Cae la nostalgia en el horizonte de tus ojos,
tu niñez camina descalza por mi pecho,
mis gaviotas recorren tus palabras
y se adormecen sobre el silencio.

Yo vi en tus labios el manto del agua
en ascenso por la espalda de los platos,
en un rincón de la cocina
una tarde cualquiera para el mundo.

Vi a ese animal con sus brazos húmedos
detrás de tus sueños
y en su lomo, la infancia de tus abuelos
era una roca en viaje a lo profundo.

Yo te vi, recostada sobre el vientre del recuerdo
el día que la represa retrocedió
y el fantasma de la casa vieja te arropó
como antes el agua a su tejado.

Recogías los fragmentos del pasado
varados en el dintel de la puerta
y en tus manos, entre el barro y el ensueño
hacías con las calles de tu pueblo
una camándula de suspiros
para tu pecho inundado de nostalgias.

Ancízar Arana Cruz

En la senda de tu vientre ecuatorial

> A María Belén, portadora del fuego

He de quedarme en ti
en la flor de los naranjos,
enraizado bajo el ejército de platanales
al vaivén de una guitarra y un *amorfino*.

He de quedarme en ti,
tierra ecuatoriana,
la senda de la palabra anuda mi voz
al pecho de tus cantones,
teje a mis retazos el grito verde
de un machete *montubio*.

Mi piel fue teñida
con los ecos de un colibrí chonero,
bordada con las aguas milenarias
que en Santa Ana
cargan la bravura de las siete cuevas.

He de dormir el resto de mis noches
abrazado a las colchas de cacao
adormecidas a orillas de tus carreteras.

Construiré mi casa
en la escalera de tus racimos,
y mis versos descenderán en cascada,
por los bejucos, hasta el fondo de tu vientre.

No habrá agua suficiente
capaz de borrar en mis versos
el beso de tus olas,
ni desatar el lazo de cangrejos
que se anclaron en mi puerto
una mañana niña en *Jaramijó*.

Nunca seré el mismo soñador con descalzos ojos
que te recorrió, Manabí,
como a una mujer sedienta.

He de quedarme en ti,
tierra ecuatoriana,
empotrado con fuerza en el útero
de la poesía que te hace grande.

Ancízar Arana Cruz

Julián Camino

A Julián Vanegas

Soy eco de letra
que no falta en ningún lenguaje,
y por más que se nombre
el tiempo no la desgasta.

Mis zapatos han dibujado
quijotescas huellas
sobre la espalda del mundo.

A veces he caminado
con dos pies izquierdos
sobre el círculo del mediodía, perdido,
y en la curva de la noche
mis pupilas me liberan
con un simple verso.

El abecedario en mi boca
ha hecho nido,
y cada tanto un cuento
emigra de sus intrincados hilos,
aletea entre las velas y como un hechizo
crea mundos donde solo hubo letras.

Soy piel que el árbol presta al poeta,
tinta cantando en las venas.
Soy pasos a favor del trigo,
la luz que a mi oscuridad exprimo,
lluvia de soles, Juglar, aventurero.

Soy Julián Camino.

Los símbolos del retorno

Retorno al círculo de tus brazos,
en los bolsillos
las palabras son una maleta de retazos.

Prometo volver a alejarme,
dejarme ir detrás de mis versos
hasta parir de nuevo en mis labios
los símbolos del retorno.

Si quieres, toma el sonido de mis pasos
y haz un poema que nos abarque,
que nos teja de las manos,
un poema a prueba de distancias.

Ancízar Arana Cruz

Casona Ancestral

A Beatriz Zúñiga, heredera del ensueño

Aquí, bajo espermas nacimos todos,
guiados con destreza maternal
por manos de partera.

El bahareque, entre barros
atrapó nuestro primer aliento,
nos hizo música en su acetato de cal.

Los pasos de mi abuelo
suenan al unísono con los míos,
sinfonía de ecos en voz de la memoria.

Son mis nietos los que ahora
pueblan con palabras tu silencio
y en cada paso encadenan
su vida a tu camino centenario.

Hoy, la poesía ha hecho cuna
en el cedro de tus puertas,
la música es vapor de alas
diluida en aroma de tinto.

Somos calor para tu hoguera,
y en tus rincones
la vida de mis ancestros
comulga con nuestras manos.
Desde el pórtico envejecido
nos llama a ser historia.
Nacemos de nuevo
en tu vientre de rescoldos.

Patrulla

Alisto mis botas para el barro,
abrazo la pistola que intenta defenderme,
converso con un poema
que aún no he escrito,
murmuro sus posibles versos
mientras recorro
los espacios oscuros de la prisión.

Soy el que vigila, el que patrulla,
el que cuida por igual el sueño ajeno,
soy los ojos del muro,
el silencio sin dueño,
la bala sin nombre en la recámara.

Mi linterna no es suficiente a tanta negrura
¿Cuántos pasos van en este turno,
en qué curva la muerte espera
con sus brazos de hielo?
¿Cuántos sueños de libertad se evaporan
con el sonido de mis botas?

He perdido la cuenta,
también he perdido el poema.

Contenido

Prólogo	5
Cómo entrar a Vocación de Barro	8
A las diez de la noche	13
Trae contigo	15
Verdadero negativo	16
Dualidad de firmas	18
Aquí estaré	19
Simulacro de ausencia	20
En la piel del patio	25
Madre soltera	27
Proclama ancestral	28
Informe especial	29
Cuarto turno	30
Desnúdate	31
Hombre paso	32
Vocación de barro	37
Ama de caza	39
Perderme	40
Tu geografía	41
Migaja de luz	42
Puerto de Jaramijó	43
Debajo de tu hojarasca	44
Es el momento	45
En la cal de la cocina	49
Un hombre desnudo	50
Antes que tu voz	51
Bajo el abrigo del bahareque	52
Afonía	54
La llave	55
Este que llega	56
Todas mis barcas	57

Las huellas de mi padre	61
Canción de un suspiro mojado	62
Camándula de suspiros	63
En la senda	
de tu vientre ecuatorial	64
Julián Camino	66
Los símbolos del retorno	67
Casona Ancestral	68
Patrulla	69

Este libro se terminó de forjar
entre las manos tibias y dulces
de mi familia
cuando septiembre
decía adios al año 2019

www.ingramcontent.com/pod-product-compliance
Lightning Source LLC
Chambersburg PA
CBHW061342040426
42444CB00011B/3040